EDGAR POE ET SES OEUVRES

(1864)

Jules Verne

Copyright © 2022 Jules Verne

Édition : BoD – Books on Demand, info@bod.fr

Impression : BoD – Books on Demand, In de Tarpen 42, Norderstedt (Allemagne)

Impression à la demande

ISBN : 978-2-3223-9263-6

Dépôt légal : août 2022

Mise en page et maquettage : https://reedsy.com/

Cet ouvrage a été composé avec les polices Didot et Bauer Bodoni

Tous droits réservés pour tous pays.

Voici, mes chers lecteurs, un romancier américain de haute réputation ; vous connaissez son nom, beaucoup sans doute, mais peu ses ouvrages. Permettez-moi donc de vous raconter l'homme et son œuvre ; ils occupent tous les deux une place importante dans l'histoire de l'imagination, car Poë a créé un genre à part, ne procédant que de lui-même, et dont il me paraît avoir emporté le secret ; on peut le dire chef de l'Ecole de l'étrange ; il a reculé les limites de l'impossible ; il aura des imitateurs. Ceux-ci tenteront d'aller au-delà, d'exagérer sa manière ; mais plus d'un croira le surpasser, qui ne l'égalera même pas.

Je vous dirai tout d'abord qu'un critique français, M. Charles Baudelaire, a écrit, en tête de sa traduction des œuvres d'Edgard Poë, une préface non moins étrange que l'ouvrage lui-même. Peut-être cette préface exigerait-elle à son tour quelques commentaires explicatifs. Quoi qu'il en soit, on en a parlé dans le monde des lettres ; on l'a remarquée, et avec raison : M. Charles Baudelaire était digne d'expliquer l'auteur américain à sa façon, et je ne souhaiterais pas à l'auteur français d'autre commentateur de ses œuvres présentes et futures qu'un nouvel Edgard Poë. À charge de revanche ; ils sont tous deux faits pour se comprendre. D'ailleurs, la traduction de M. Baudelaire est excellente, et je lui emprunterai les passages cités dans ce présent article.

Chapitre 1

Je ne tenterai pas de vous expliquer l'inexplicable, l'insaisissable, l'impossible produit d'une imagination que Poë portait parfois jusqu'au délire ; mais nous suivrons celui-ci pas à pas ; je vous raconterai ses plus curieuses nouvelles, avec force citations ; je vous montrerai comment il procède, et à quel endroit sensible de l'humanité il frappe, pour en tirer ses plus étranges effets.

Edgard Poë naquit en 1813 à Baltimore, en pleine Amérique, au milieu de la nation la plus positive du monde. Sa famille, depuis longtemps haut placée, dégénéra singulièrement en arrivant jusqu'à lui ; si son grand-père s'illustra dans la guerre de l'indépendance en qualité de quartier-maître général auprès de La Fayette, son père mourut, misérable comédien, dans le plus complet dénuement.

Un monsieur Allan, négociant à Baltimore, adopta le jeune Edgard, et le fit voyager en Angleterre, en Irlande, en Ecosse ; Edgard Poë ne sembla pas avoir visité Paris, dont il décrit inexactement certaines rues dans l'une de ses Nouvelles.

Revenu à Richmond en 1822, il continua son éducation ; il montra de singulières aptitudes en physique et en mathématiques. Sa conduite dissipée le fit chasser de l'Université de Charlottesville, et même de sa famille adoptive ; il partit alors pour la Grèce, au moment de cette guerre qui ne paraît avoir été faite que pour la plus grande gloire de lord Byron. Nous remarquerons en passant que Poë était un remarquable nageur, comme le poète anglais, sans vouloir tirer aucune déduction de ce rapprochement.

Edgard Poë passa de Grèce en Russie, arriva jusqu'à Saint-Pétersbourg, fut compromis dans certaines affaires dont nous ne connaissons pas le secret, et revint en Amérique, où il entra dans une Ecole militaire. Son tempérament indisciplinable l'en fit bientôt expulser ; il goûta de la misère alors, de la misère américaine, la plus effroyable de toutes ; on le voit se livrer, pour vivre, à des travaux littéraires ; il gagne heureusement deux prix fondés par une Revue pour le meilleur conte et le meilleur poème, et devient enfin directeur du Southern litterary Messenger. Le journal prospère, grâce à lui ; une sorte d'aisance factice en résulte pour le romancier, qui épouse Virginia Clemm, sa cousine.

Deux ans après, il se brouillait avec le propriétaire de son journal ; il faut dire que le malheureux Poë demandait souvent à l'ivresse de l'eau-de-vie ses plus étranges inspirations ; sa santé s'altérait peu à peu ; passons vite sur ces moments de misère, de luttes, de succès, de désespoir, du romancier soutenu par sa pauvre femme et surtout par sa belle-mère, qui l'aima comme un fils jusqu'au-delà du tombeau, et disons qu'à la suite d'une longue séance dans une taverne de Baltimore, le 6 octobre 1849, un corps fut trouvé sur la voie publique, le corps d'Edgard Poë ; le malheureux respirait encore ; il fut transporté à l'hôpital ; le delirium tremens le prit, et il mourut le lendemain, à peine âgé de trente-six ans.

Voici la vie de l'homme, voyons l'œuvre maintenant ; je laisserai de côté le journaliste, le philosophe, le critique, pour m'attacher au romancier ; c'est dans la nouvelle, c'est dans l'histoire, c'est dans le roman, en effet, qu'éclate toute l'étrangeté du génie d'Edgard Poë.

On a pu quelquefois le comparer à deux auteurs, l'un anglais, Anne Radcliff, l'autre allemand, Hoffmann ; mais Anne Radcliff a exploité le genre terrible, qui s'explique toujours par des causes naturelles ; Hoffmann a fait du fantastique pur, que nulle raison physique ne peut accorder ; il n'en était pas ainsi de Poë ; ses personnages peuvent exister à la rigueur ; ils sont éminemment humains, doués toutefois d'une sensibilité surexcitée, supra nerveuse, individus d'exception, galvanisés pour ainsi dire, comme seraient des gens auxquels on ferait respirer un air plus chargé d'oxygène, et dont la vie ne serait qu'une active combustion. S'ils ne sont pas fous, les personnages de Poë doivent évidemment le devenir pour avoir abusé de leur cerveau, comme d'autres abusent des liqueurs fortes ; ils poussent à leur dernière limite l'esprit de réflexion et de déduction ; ce sont les plus terribles analystes que je connaisse, et, partant d'un fait insignifiant, ils arrivent à la vérité absolue.

J'essaye de les définir, de les peindre, de les délimiter, et je n'y parviens guère, car ils échappent au pinceau, au compas, à la définition ; il vaut mieux, chers lecteurs, les montrer dans l'exercice de leurs fonctions presque surhumaines. C'est ce que je vais faire.

Des œuvres d'Edgard Poë, nous possédons deux volumes d'Histoires extraordinaires, traduites par M. Charles Baudelaire ; les Contes inédits, traduits par William Hughes, et un roman intitulé : Aventures d'Arthur Gordon Pym. Je vais faire dans ces divers recueils le choix le plus propre à vous intéresser, et j'y parviendrai sans peine, puisque je laisserai la plupart du temps Poë parler lui-même. Veuillez donc l'écouter de confiance.

J'ai à vous offrir d'abord trois nouvelles dans lesquelles l'esprit d'analyse et de déduction atteint les dernières limites de l'intelligence. Il s'agit du Double assassinat dans la rue Morgue, de la Lettre volée, et du Scarabée d'or.

Voici la première de ces trois histoires, et comment Edgard Poë prépare le lecteur à cet étrange récit :

Après de curieuses observations, par lesquelles il prouve que l'homme vraiment imaginatif n'est jamais autre chose qu'un analyste, il met en scène un ami à lui, Auguste Dupin, avec lequel il demeurait à Paris dans une partie reculée et solitaire du faubourg Saint-Germain.

« Mon ami, dit-il, avait une bizarrerie d'humeur, car comment définir cela ? – c'était d'aimer la nuit pour l'amour de la nuit ; la nuit était sa passion ; – et je tombai moi-même tranquillement dans cette bizarrerie, comme dans toutes les autres qui lui étaient propres, me laissant aller au courant de ses étranges originalités avec un parfait abandon. La noire divinité ne pouvait pas toujours demeurer avec nous : mais nous en faisions la contrefaçon. Au premier point du jour, nous fermions tous les lourds volets de notre masure, nous allumions un couple de bougies fortement parfumées, qui ne jetaient que des rayons très faibles et très pâles. Au sein de cette débile clarté, nous livrions chacun notre âme à ses rêves, nous lisions, nous écrivions, ou nous causions, jusqu'à ce que la pendule nous avertît du retour de la véritable obscurité. Alors, nous nous échappions à travers les rues, bras dessus bras dessous, continuant la conversation du jour, rôdant au hasard jusqu'à une heure très avancée, et cherchant à travers les lumières désordonnées de la populeuse cité ces innombrables excitations spirituelles que l'étude paisible ne peut pas donner.

« Dans ces circonstances, je ne pouvais m'empêcher de remarquer et d'admirer – quoique la riche idéalité dont il était doué eût dû m'y préparer – une aptitude analytique particulière chez Dupin...

« .... Dans ces moments-là, ses manières étaient glaciales et distraites ; ses yeux regardaient dans le vide, et sa voix, – une riche voix de ténor, habituellement, – montait jusqu'à la voix de tête... »

Et maintenant, avant d'aborder le sujet de sa nouvelle, Poë raconte de quelle façon procédait Dupin dans ses curieuses analyses.

« Il est peu de personnes, dit-il, qui ne se soient amusées, à un moment quelconque de leur vie, à remonter le cours de leurs idées, et à rechercher par quel chemin leur esprit était arrivé à de certaines conclusions. Souvent cette occupation est pleine d'intérêt, et celui qui l'essaye pour la première fois est étonné de l'incohérence et de la distance, immense en apparence, entre le point de départ et le point d'arrivée.

« Une nuit, nous flânions dans une longue rue sale avoisinant le Palais Royal. Nous étions plongés chacun dans nos propres pensées, en apparence du moins, et depuis près d'un quart d'heure nous n'avions pas soufflé une syllabe. Tout à coup, Dupin lâcha ces paroles :

« — C'est un bien petit garçon, en vérité ; et il serait mieux à sa place au théâtre des Variétés.

« — Cela ne fait pas l'ombre d'un doute, répliquai-je sans penser et sans remarquer d'abord, – tant j'étais absorbé, – la singulière façon dont l'interrupteur adaptait sa parole à ma propre rêverie. Une minute après, je revins à moi, et mon étonnement fut profond.

« — Dupin, – dis-je très gravement, – voilà qui passe mon intelligence. Je vous avoue, sans ambages, que j'en suis stupéfié, et que j'en peux à peine croire mes sens. Comment a-t-il pu se faire que vous ayez deviné que je pensais à.... »

« Mais je m'arrêtai pour m'assurer indubitablement qu'il avait réellement deviné à qui je pensais.

« — À Chantilly ? – dit-il ; – pourquoi vous interrompre ? Vous faisiez en vous-même la remarque que sa petite taille le rendait impropre à la tragédie.

« C'était précisément ce qui faisait le sujet de mes réflexions. Chantilly était un ex-savetier de la rue Saint-Denis, qui avait la rage du théâtre, et avait abordé le rôle de Xerxès dans la tragédie de Crébillon.

« — Dites-moi, pour l'amour de Dieu ! la méthode, – si méthode il y a, – à l'aide de laquelle vous avez pu pénétrer mon âme dans le cas actuel ! »

On le voit, ce début est bizarre ; ici s'engage une discussion entre Poë et Dupin, et celui-ci, relevant la série des réflexions de son ami, lui montre qu'elles se suivent ainsi, en remontant : Chantilly, le savetier, Orion, le docteur Nichols, Epicure, la stéréotomie, les pavés, le fruitier.

Voilà des idées qui n'ont aucune relation entre elles, et cependant Dupin va les rattacher aisément, en commençant par la dernière.

En effet, en passant dans la rue, un fruitier heurta Poë d'une façon brusque ; celui-ci, ébranlé du choc, glissa un peu, mit le pied sur une pierre branlante, et se foula légèrement la cheville en maudissant le pavé défectueux. Arrivé au passage où l'on fait un essai de pavé de bois, le mot stéréotomie est venu à sa pensée, et ce mot l'a conduit inévitablement aux atomes et aux théories d'Epicure. Or, il avait eu dernièrement avec Dupin une discussion à cet égard, dans laquelle Dupin lui apprit que les dernières découvertes cosmogoniques du Docteur Nichols confirmaient les théories du philosophe grec. En y songeant, Poë n'a pu s'empêcher de lever les yeux vers la constellation d'Orion, qui brillait alors de toute sa pureté. Or, le vers latin :

Perdidit antiquam littera prima sonum, a trait à Orion, qui s'écrivait primitivement Urion, et ce vers, un critique venait de l'appliquer plaisamment au savetier Chantilly, dans son dernier article.

« Cette association d'idées, fit Dupin, je la vis au style du sourire qui traversa vos lèvres. Vous pensiez à l'immolation du pauvre savetier. Jusque-là, vous aviez marché courbé en deux, mais alors je vous vis vous redresser de toute votre hauteur. J'étais bien sûr que vous pensiez à la pauvre petite taille de Chantilly. C'est dans ce moment que j'interrompis vos réflexions pour vous faire remarquer que c'était un pauvre petit avorton que ce Chantilly, et qu'il serait bien mieux à sa place au théâtre des Variétés. »

Quoi de plus ingénieux et de plus nouveau, je vous le demande, et jusqu'où l'esprit d'observation pourra-t-il conduire un homme doué comme ce Dupin ? C'est ce que nous allons voir.

Un meurtre épouvantable a été commis dans la rue Morgue ; une vieille dame L'Espanaye et sa fille, occupant un appartement au quatrième étage ont été assassinées vers les trois heures du matin. Un certain nombre de témoins, entre autres un Italien, un Anglais, un Espagnol, un Hollandais, attirés par des cris effrayants, se précipitèrent vers l'appartement, en forcèrent la porte, et au milieu du plus étrange désordre, ils trouvèrent les deux victimes, l'une étranglée, l'autre frappée d'un rasoir encore sanglant. Les fenêtres, les portes soigneusement closes, ne permettaient pas de reconnaître le chemin pris par le meurtrier. Les plus sagaces investigations de la police furent vaines, et rien ne semblait devoir la mettre sur les traces du crime.

Cette affaire épouvantable, entourée d'un si profond mystère, intéressait fort Auguste Dupin ; il se dit que, pour l'instruction de ce meurtre, il ne fallait pas procéder par les moyens habituels ; il connaissait le préfet de police, et il obtint de lui l'autorisation de se rendre sur le théâtre du crime, afin de l'examiner.

Poë l'accompagnait dans sa visite. Dupin, suivi d'un gendarme, inspecta la rue Morgue, les derrières de la maison et la façade avec une minutieuse attention. Puis il monta à la chambre où gisaient encore les deux corps. Son examen dura jusqu'au soir, sans mot dire, et en retournant chez lui, il s'arrêta quelques minutes dans les bureaux d'un journal quotidien.

Pendant toute la nuit, il resta silencieux, et, le lendemain, à midi seulement, il demanda à son compagnon s'il avait remarqué quelque chose de particulier sur le théâtre du crime.

Voilà où l'analyste Dupin commence à se montrer.

« Eh bien, dit-il, j'attends un individu qui, bien qu'il ne soit peut-être pas l'auteur de cette boucherie, doit se trouver en partie impliqué dans sa perpétration ; il est probable qu'il est innocent de la partie atroce du crime.... J'attends l'homme ici, dans cette chambre – d'une minute à l'autre. S'il vient, il sera nécessaire de le garder. Voici des pistolets, et nous savons tous deux à quoi ils servent quand l'occasion l'exige. »

Je vous laisse à penser quelle fut la stupéfaction de Poë à ces paroles positives. Dupin lui dit alors que, si la police, après avoir levé les parquets, ouvert les plafonds, sondé la maçonnerie des murs, ne pouvait expliquer l'introduction et la fuite du meurtrier, lui, procédant autrement, savait à quoi s'en tenir à cet égard. En effet, en furetant dans tous les coins, et principalement près de la fenêtre de derrière qui avait dû donner passage à l'assassin, il découvrit un ressort ; ce ressort, mal maintenu par un clou rouillé, avait pu se refermer de lui-même, et retenir la fenêtre, après que celle-ci fut repoussée du dehors par le pied du fugitif. Près de cette fenêtre se déroulait la longue corde d'un paratonnerre, et Dupin ne doutait plus qu'elle n'eût servi de route aérienne au meurtrier.

Mais cela était peu de chose ; du chemin pris par l'assassin soit avant, soit après le crime, on ne pouvait guère arriver à la connaissance du criminel. Aussi Dupin, fixé sur ce point, se lance-t-il dans une déduction curieuse, et prise à un tout autre ordre d'idées, ne se demandant pas comment les choses se sont passées, mais bien en quoi elles se distinguent de tout ce qui est arrivé jusqu'à présent. L'argent demeuré intact dans l'appartement prouve d'ailleurs que le vol n'a pas été le mobile du crime.

C'est alors que Dupin appelle l'attention de Poë sur un fait inobservé des dépositions, et dans lequel se montre tout entier le génie du romancier américain.

Les témoins, accourus au moment du crime, avaient remarqué deux voix distinctement ; tous reconnaissaient l'une d'elles comme appartenant à un Français ; pas de doute à cet égard ; mais quant à l'autre, une voix aiguë, une voix âpre, il y avait un grand désaccord parmi ces témoins appartenant à différentes nations.

« Ceci, dit Dupin, constitue la particularité de l'évidence. Chaque témoin étranger est sûr que cette voix n'était pas celle de l'un de ses compatriotes ; il la compare, non pas à la voix d'un individu dont la langue lui serait familière, mais justement au contraire. Le Français présume que c'était une voix d'Espagnol, et il aurait pu distinguer quelques mots s'il était familiarisé avec l'espagnol. Le Hollandais affirme que c'était la voix d'un Français ; mais il est établi que le témoin, ne sachant pas le français, a été interrogé par le canal d'un interprète. L'Anglais pense que c'était la voix d'un Allemand, et il n'entend pas l'allemand. L'Espagnol est positivement sûr que c'était la voix d'un Anglais, mais il en juge uniquement par l'intonation, car il n'a aucune connaissance de l'anglais. L'Italien croit à une voix Russe, mais il n'a jamais causé avec une personne native de Russie. Un autre Français, cependant, diffère du premier, et il est certain que c'était une voix d'Italien ; mais n'ayant pas la connaissance de cette langue, il fait comme l'Espagnol, il tire sa certitude de l'intonation. Or, cette voix était donc bien insolite et bien étrange, qu'on ne pût obtenir à son égard que de pareils témoignages ? Une voix dans les intonations de laquelle des citoyens des cinq grandes parties de l'Europe n'ont rien reconnu qui leur fût familier ! Vous me direz que c'était peut-être la voix d'un Asiatique ou d'un Africain. Les Africains et les Asiatiques n'abondent pas à Paris, mais, sans nier la possibilité du cas, j'appellerai simplement votre attention sur trois points. Un témoin dépeint la voix ainsi : plutôt âpre qu'aiguë, deux autres en parlent comme d'une voix brève et saccadée. Ces témoins n'ont distingué aucune parole, – aucun son ressemblant à des paroles. »

Dupin continue : il rappelle à Poë les détails du crime, la force physique qu'il a dû exiger, car des mèches de cheveux gris ont été arrachées à la tête de la vieille dame, et vous savez « quelle puissante force il faut pour arracher de la tête seulement vingt ou trente cheveux à la fois ; » il remarque l'agilité voulue pour s'élever sur la corde du paratonnerre, la férocité bestiale déployée dans le meurtre, cette « grotesquerie dans l'horrible, absolument étrangère à l'humanité, » et enfin et toujours « cette voix dont l'accent est inconnue à l'oreille d'hommes de plusieurs nations, cette voix dénuée de toute syllabisation distincte et intelligible ! »

« Or, pour vous, demande alors Dupin à son compagnon, qu'en ressort-il ? Quelle impression ai-je faite sur votre imagination ? »

Je l'avoue, à ce passage du livre, il m'arriva, comme à l'interlocuteur de Dupin, de sentir un frisson courir dans ma chair ! Voyez comment l'étonnant romancier s'est emparé de vous ! Est-il le maître de votre imagination ? Vous tient-il dans les palpitations de son récit ? Pressentez-vous l'auteur de ce crime extraordinaire ?

Pour mon compte, j'avais tout deviné alors. Vous aussi, vous avez compris : cependant je terminerai brièvement en vous citant les quelques lignes que Dupin avait fait insérer la veille dans le journal le Monde, feuille consacrée aux intérêts maritimes, et très recherchée par les marins :

« AVIS. – On a trouvé dans le bois de Boulogne, le matin du.... courant (c'était le matin de l'assassinat) de fort bonne heure, un énorme orang-outang fauve de l'espèce de Bornéo. Le propriétaire (qu'on sait être un marin appartenant à l'équipage d'un navire maltais) peut retrouver l'animal, après en avoir donné le signalement satisfaisant, et remboursé quelques frais à la personne qui s'en est emparée et qui l'a gardé. S'adresser rue... n°... faubourg Saint-Germain, au troisième. »

Dupin avait déduit la qualité de Maltais d'un bout de ruban ramassé au pied de la chaîne du paratonnerre, et noué d'un nœud particulier aux marins de Malte ; quant à l'individu personnellement, sa voix et ses paroles en faisaient un Français, au dire de tous les témoins. Séduit par l'annonce qui n'établissait aucune connexité entre la fuite de l'orang-outang et le crime, il ne manquerait pas de se présenter.

Il se présenta, en effet ; c'était un marin « grand, robuste et musculeux individu, avec une expression d'audace de tous les diables ; » après quelques hésitations, il convint de tout. Le singe s'était échappé de chez lui, en lui arrachant son rasoir au moment où il se faisait la barbe. Le marin, effrayé, avait suivi l'animal ; celui-ci, dans sa course fantastique, arriva à la rue Morgue, trouva la chaîne du paratonnerre, et y grimpa lestement. Son maître le suivit de près ; le singe, rencontrant une fenêtre ouverte, se précipita au travers et tomba dans l'appartement des malheureuses femmes. On sait le reste. Le marin assista au drame sans pouvoir s'y opposer, appelant et criant ; puis, la tête perdue, il prit la fuite, suivi par l'animal, qui, refermant la fenêtre d'un coup de pied, se laissa glisser dans la rue, et disparut à son tour.

Voilà cette étrange histoire, et sa véridique explication. On voit quelles merveilleuses qualités de l'auteur elle a mise en relief. Elle a un tel air de vérité, qu'on croit lire parfois un acte d'accusation pris tout entier à la Gazette des tribunaux.

Chapitre 2

Edgard Poë ne devait pas abandonner ce type curieux d'Auguste Dupin, l'homme aux profondes déductions ; nous le retrouvons dans la Lettre volée. L'histoire est simple ; une lettre compromettante a été soustraite par un ministre à un personnage politique. Ce ministre D*** pouvant faire mauvais usage de ce document, il faut le reprendre à tout prix. Le préfet de police a été chargé de cette mission difficile. On sait que la lettre est toujours restée en la possession immédiate de D***. Pendant son absence, les agents ont plusieurs fois fouillé son hôtel, entrepris sa maison chambre par chambre, examiné les meubles de chaque appartement, ouvert tous les tiroirs, poussé tous les secrets, sondé les sièges avec de longues aiguilles, enlevé les dessus de table, démonté les bois de lit, interrogé les moindres jointures, fouillé les courtines, les rideaux, les tapis, les parquets des glaces. Enfin la totalité de la surface de la maison a été divisée en compartiments numérotés ; chaque pouce carré a été passé en revue au microscope, et la cinquantième partie d'une ligne n'a pu échapper à cet examen, ni dans la maison du ministre, ni dans les maisons adjacentes. Au cas où D*** eût porté sur lui cette lettre compromettante, le préfet de police l'a fait arrêter, et dévaliser deux fois par de faux voleurs. On n'a rien trouvé.

Le préfet, découragé, vint trouver Dupin ; il lui conta l'affaire. Dupin l'engagea à continuer ses recherches. Un mois après, le préfet rendait une seconde visite à Dupin ; il n'avait pas été plus heureux.

« Je donnerais vraiment cinquante mille francs, dit-il, à quiconque me tirerait d'affaire.

« — Dans ce cas, répliqua Dupin ouvrant un tiroir et en tirant un livre de mandats, vous pouvez aussi bien me faire un bon pour la somme susdite. Quand vous l'aurez signé, je vous donnerai votre lettre. »

Et il remit le document précieux au préfet de police, à la grande stupéfaction de celui-ci, qui s'en alla précipitamment ; après son départ, Dupin fit connaître à Poë comment il s'était rendu possesseur de la lettre ; et pour lui montrer que les moyens à employer devaient varier avec la personne à laquelle on avait affaire, il lui raconta ce qui suit :

« J'ai connu un enfant de huit ans, dont l'infaillibilité au jeu de pair et impair faisait l'admiration universelle. Il avait un mode de divination, lequel consistait dans la simple observation et dans l'appréciation de la finesse de ses adversaires. Supposons que son adversaire soit un parfait nigaud, et levant sa main fermée, lui demande : Pair ou impair ? Notre écolier répond : Impair, et il a perdu. Mais à la seconde épreuve, il gagne, car il se dit en lui-même : Le niais avait mis pair la première fois, et toute sa ruse ne va qu'à lui faire mettre impair à la seconde ; je dirai donc : Impair ; – il dit : Impair, et il gagne.

« Maintenant, avec un adversaire un peu moins simple, il aurait raisonné ainsi : Ce garçon voit que j'ai dit : Impair, et, au second coup, il se proposera, – c'est la première idée qui se présentera à lui, une simple variation de pair à impair, comme l'a fait le premier bêta ; mais une seconde réflexion lui dira que c'est là un changement trop simple, et finalement, il se décidera à mettre pair comme la première fois. Je dirai donc : Pair ; – il dit : Pair, et gagne. »

Partant de ce principe, Dupin a donc commencé par reconnaître le ministre D***, il a appris qu'il était à la fois poète et mathématicien.

« Comme poète et mathématicien, se dit-il, il a dû raisonner juste ; comme simple mathématicien, il n'aurait pas raisonné du tout, et se serait ainsi mis à la merci du préfet. »

Cela est bien profond, mes chers lecteurs ; le mathématicien se serait ingénié à créer une cachette, mais le poète devait s'y prendre tout autrement, et procéder par la simplicité. En effet, il y a des objets qui échappent aux yeux par le fait même de leur excessive évidence. Ainsi, dans les cartes géographiques, les mots en gros caractères, qui s'étendent d'un bout de la carte à l'autre, sont beaucoup moins apparents que les noms écrits en caractères fins et presque imperceptibles. D*** devait donc chercher à dérouter les agents de la police par la naïveté même de ses combinaisons.

C'est ce que comprit Dupin ; il connaissait D***, il avait un fac-similé de la lettre en question ; il se rendit à l'hôtel du ministre, et la première chose qu'il vit sur son bureau, ce fut cette introuvable lettre parfaitement en évidence ; le poète avait compris que le meilleur moyen de la soustraire aux recherches, c'était de ne pas la cacher du tout. D*** s'en empara facilement, en lui substituant son fac-similé, et le tour fut joué. Là où les fureteurs échouèrent, un simple raisonneur réussit et sans peine.

Cette nouvelle est charmante et pleine d'intérêt. M. Victorien Sardou en a tiré une pièce délicieuse, les Pattes de mouche, dont vous avez certainement entendu parler, et qui a été l'un des plus grands succès du Gymnase.

J'arrive au Scarabée d'or, et ici le héros d'Edgard Poë va faire preuve d'une sagacité peu commune ; je serai forcé de citer un long passage de cette histoire ; mais vous ne vous en plaindrez pas, et vous le relirez plus d'une fois, je vous le promets.

Poë s'était lié intimement avec un M. William Legrand, qui, ruiné par une série de malheurs, quitta la Nouvelle-Orléans et vint s'établir près Charleston, dans la Caroline du Sud, sur l'île de Sullivan, composée uniquement de trois milles de sable de mer, d'un quart de mille de largeur. Legrand était d'un caractère misanthrope, sujet à des alternatives d'enthousiasme et de mélancolie ; on lui croyait la tête un peu dérangée, et ses parents avaient mis près de lui un vieux nègre répondant au nom de Jupiter.

Vous le voyez déjà, ce Legrand, cet ami de Poë, sera encore un caractère d'exception, un tempérament facilement surexcitable, et sujet à des crises.

Un jour, Poë alla lui rendre visite ; il le trouva dans un contentement inexprimable ; Legrand, qui collectionnait les coquillages et les échantillons entomologiques, venait de découvrir un scarabée d'une espèce étrange. Vous vous attendiez à ce mot, n'est-il pas vrai ? Legrand n'avait pas l'animal en sa possession alors ; il l'avait prêté à un de ses amis, le lieutenant G***, résidant au fort Moultrie.

Jupiter avouait n'avoir jamais vu un pareil scarabée ; il était d'une brillante couleur d'or et d'un poids considérable. Le nègre ne doutait pas qu'il ne fût en or massif. Legrand voulut donner à son ami un dessin de l'insecte ; il chercha un morceau de papier, et, n'en trouvant pas, il tira de sa poche un morceau de vieux vélin fort sale, sur lequel il se mit à dessiner l'animal. Mais, chose bizarre, quand il eut fini et passé le parchemin à Poë, celui-ci y vit, non un scarabée, mais une tête de mort très nettement tracée. Il en fit l'observation. William ne voulut pas en convenir ; mais après une légère discussion, il dut reconnaître que sa plume avait dessiné un crâne parfaitement reconnaissable. Il jeta son papier de fort mauvaise humeur, puis le reprit, l'examina pensivement, et enfin le serra dans son pupitre. On parla d'autre chose, et Poë se retira, sans que Legrand fît aucun effort pour le retenir.

Un mois après, Poë reçut la visite du nègre. Celui-ci, fort inquiet, vint lui parler de l'état maladif de son maître, qui était devenu taciturne, pâle, affaibli ; il attribuait ce changement à cet incident, que William aurait été mordu par son scarabée. Depuis ce temps, toutes les nuits, il rêvait d'or. Jupiter était chargé d'une lettre de William, dans laquelle William priait Poë de venir le voir.

« Venez ! venez ! disait-il. Je désire vous voir ce soir pour affaire grave. Je vous assure que c'est de la plus haute importance. »

Vous voyez comment l'action s'engage, et de quel intérêt singulier doit être cette histoire. Un monomane qui rêve d'or pour avoir été mordu par un scarabée.

Poë accompagna le nègre jusqu'à son bateau, où se trouvaient une faux et trois bêches achetées par l'ordre de William. Cette acquisition l'étonna ;

il arriva à l'île vers les trois heures de l'après-midi. Legrand l'attendait impatiemment, et lui serra la main avec un empressement nerveux. « Son visage était d'une pâleur spectrale, et ses yeux, naturellement fort enfoncés, brillaient d'un éclat surnaturel. »

Poë lui demanda des nouvelles de son scarabée. William lui répondit que ce scarabée était destiné à faire sa fortune, et qu'en en usant convenablement il arriverait jusqu'à l'or, dont il est l'indice.

En même temps, il lui montra un très remarquable insecte inconnu à cette époque aux naturalistes ; il portait, à l'une des extrémités du dos, deux taches noires et rondes, et à l'autre une tache de forme allongée. Ses élytres étaient excessivement dures et luisantes, et avaient positivement l'aspect de l'or bruni.

« Je vous ai envoyé chercher, dit William à Poë, pour vous demander conseil et assistance dans l'accomplissement des vues de la destinée et du scarabée. »

Poë interrompit William et lui tâta le pouls ; il ne lui trouva pas le plus léger symptôme de fièvre ; il voulut néanmoins détourner le cours de ses idées ; mais William annonça son intention formelle de faire, la nuit même, une excursion dans les collines, excursion dans laquelle le scarabée devait jouer un grand rôle. Poë n'eut plus qu'à le suivre avec Jupiter.

Tous les trois partirent ; on traversa la crique qui séparait l'île de la terre ferme, et la petite troupe, franchissant les terrains montueux de la rive, s'avança à travers un pays horriblement sauvage et désolé. Au coucher du soleil, elle entrait dans une région sinistre, coupée de profondes ravines. Sur une plate-forme étroite s'élevait un tulipier sauvage au milieu de huit à dix chênes. William donna l'ordre à Jupiter de grimper sur cet arbre en emportant le scarabée attaché au bout d'une longue corde ; malgré ses répugnances, et sous les menaces violentes de William, Jupiter obéit, et arriva sur la grande fourche de l'arbre, à soixante et dix pieds du sol.

Alors William lui ordonna de suivre la plus grosse branche de côté ; bientôt Jupiter disparut dans le feuillage ; lorsqu'il eut passé sept branches, son maître lui commanda de s'avancer sur la septième aussi loin que possible, et de dire s'il y voyait quelque chose de singulier. Après des hésitations, car le bois lui semblait pourri, Jupiter, alléché par la promesse d'un dollar d'argent, parvint à l'extrémité de la branche.

« Oh ! oh ! oh ! s'écria-t-il, Seigneur Dieu ! miséricorde ! Qu'y a-t-il sur l'arbre ?

— Eh bien, cria Legrand au comble de la joie, qu'est-ce qu'il y a ? »

Jupiter se trouvait en présence d'un crâne retenu par un gros clou et décharné par le bec des corbeaux. William lui ordonna de passer par l'œil gauche du crâne la corde qui tenait le scarabée, et de laisser filer celui-ci jusqu'à terre.

Jupiter obéit, et l'insecte se balança bientôt à quelques pouces au-dessus de terre. William déblaya le terrain, fit tomber le scarabée sur le sol, et enfonça une cheville de bois à l'endroit précis qu'il toucha. Puis, tirant un ruban de sa poche, et le fixant à la partie de l'arbre la plus rapprochée de la cheville, il le déroula pendant cinquante pieds, en suivant la direction donnée par l'arbre et la cheville. Alors il fixa une seconde cheville à l'extrémité du ruban, en fit le centre d'un cercle de quatre pieds de diamètre, et, aidé de Poë et de Jupiter, il creusa vivement le sol ; le travail se poursuivit pendant deux heures ; aucun indice de trésor ne se montrait. William était déconcerté. Sans mot dire, Jupiter rassembla les outils, et la petite troupe commença à revenir vers l'est.

Elle avait fait douze pas à peine, quand Legrand se précipita sur Jupiter.

« Scélérat, criait-il en faisant siffler les syllabes entre ses dents... Quel est ton œil gauche ?... »

Le pauvre noir indiqua de la main son œil droit.

« Je m'en doutais, s'écria Legrand... Allons ! allons ! il faut recommencer. »

En effet, le nègre s'était trompé, et il avait fait filer la corde du scarabée par l'œil droit au lieu de l'œil gauche. L'expérience recommença ; la première cheville se trouva reportée quelques pouces plus à l'ouest, et le ruban déroulé marqua un nouveau point éloigné de plusieurs yards de l'endroit précédemment creusé.

Le travail fut repris. Bientôt apparurent des débris de squelette, des boutons de métal, quelques pièces d'or ou d'argent, et enfin un coffre de bois de forme oblongue, maintenu par des lames de fer forgé ; le couvercle était retenu par deux verrous que William, pantelant d'anxiété, fit glisser rapidement.

Le coffre était rempli d'incalculables trésors : 450,000 dollars en monnaies françaises, espagnoles, allemandes et anglaises, 110 diamants, 18 rubis, 310 émeraudes, 21 saphirs et 1 opale, une énorme quantité d'ornements en or massif, des bagues, des boucles d'oreilles, des chaînes, 85 crucifix d'or, 5 encensoirs, 197 montres superbes, enfin une valeur d'un million et demi de dollars.

Toutes ces richesses furent transportées peu à peu à la cabane de Legrand. Poë mourait d'impatience de savoir comment la connaissance de ce trésor était arrivée à son ami, et celui-ci s'empressa de le raconter.

Le récit précédent ne peut donner au lecteur qu'une idée imparfaite du genre du romancier ; je n'ai pu vous peindre la surexcitation maladive de William pendant cette nuit ; cette découverte d'un trésor est plus ou moins semblable à toutes les découvertes de ce genre que vous avez pu lire ; à part la mise en scène du scarabée et du crâne, rien de plus ordinaire. Mais nous arrivons maintenant à la partie pittoresque et singulière de la Nouvelle, en entamant la série des déductions qui conduisirent William à la découverte du trésor.

Il commença par rappeler à son ami cette grossière esquisse du scarabée faite à sa première visite, et qui se trouva représenter une tête de mort. Le dessin était tracé sur un morceau de parchemin très mince.

Or, voici dans quelle circonstance William avait ramassé ce parchemin ; c'était à la pointe de l'île, près des restes d'une barque naufragée, le jour même où il découvrit son scarabée, qu'il enveloppa même dans ce bout de chiffon.

Les débris échoués excitèrent son attention, et il se rappela que le crâne ou la tête de mort est l'emblème bien connu des pirates. C'était déjà les deux anneaux d'une grande chaîne.

Mais si ce crâne n'existait pas sur le parchemin au moment où William dessina le scarabée, comment s'y trouva-t-il ensuite, quand le papier fut tendu à Poë ? C'est qu'au moment où ce dernier allait l'examiner, le chien de William s'élança sur Poë pour jouer. Celui-ci, en l'écartant de la main, rapprocha du feu le parchemin, et la chaleur de la flamme, par suite d'une préparation chimique, fit renaître ce dessin jusqu'alors invisible.

Après le départ de son ami, William reprit le parchemin, le soumit à l'action de la chaleur, et vit apparaître dans un coin de la bande, au coin diagonalement opposé à celui où était tracée la tête de mort, une figure représentant un chevreau.

Mais quel rapport existe-t-il entre des pirates et un chevreau ? Le voici. Il y eut autrefois un certain capitaine Kidd [1] qui fit beaucoup parler de lui. Pourquoi cette figure n'aurait-elle pas été sa signature logographique, tandis que la tête de mort remplissait l'emploi de sceau ou d'estampille ? William fut donc amené naturellement à rechercher une lettre entre le timbre et la signature. Mais le texte semblait manquer totalement.

Et cependant les histoires de Kidd lui revenaient en tête ; il se rappelait que le capitaine et ses associés avaient enfoui des sommes énormes, provenant de leur piraterie, sur quelque point de la côte de l'Atlantique. Le trésor devait exister encore dans son dépôt ; car, sans cela, les rumeurs actuelles n'eussent pas pris naissance. Or, William arriva à cette conviction, que ce bout de parchemin contenait l'indication du lieu de ce dépôt.

Il le nettoya, le décrassa avec soin, le plaça dans une casserole et posa la casserole sur des charbons ardents. Au bout de quelques minutes, il s'aperçut que la bande de vélin se mouchetait en plusieurs endroits de signes qui ressemblaient à des chiffres rangés en ligne. Ayant chauffé de nouveau, William vit bientôt sortir des caractères grossièrement tracés en rouge. Ceci raconté, William tendit à Poë le parchemin, qui contenait les lignes suivantes :

53‡‡ + 305))6* ;4826)4‡.)4 ‡) ;806* ;48 + 8 ¶ 60))85 ;1 ‡(; : ‡*8 + 83(88)5* + ;46(;88*96* ? ;8)* ‡(;485) ;5* + 2 :* ‡(; 4956*2 (5*-4)8 ¶ 8* ;4069285) ;)6 + 8)4 ‡‡ ; 1(9 ;48081 ;8 :8 ‡1 ;48 + 85 ; 4)485 + 528806*81(‡9 ;48 ;(88 ;4(‡ ?34 ;48)4 ‡ ;161 ; :188 ; ‡? ;

Poë, en voyant cette succession de chiffres, de points, de traits, de points et virgules, de parenthèses, déclara ne pas en être plus avancé. Vous auriez dit comme lui, chers lecteurs ; eh bien, le romancier va débrouiller ce chaos avec une admirable logique. Suivez-le ; car là est la partie la plus ingénieuse de sa nouvelle.

La première question à vider était la langue du chiffre ; mais ici le jeu de mot sur Kidd indiquait suffisamment la langue anglaise ; car il n'est possible qu'en cette langue.

Je laisse maintenant la parole à William.

« Vous remarquerez, dit-il, qu'il n'y a pas d'espace entre les mots ; la tâche eût été singulièrement plus facile. Dans ce cas, j'aurais commencé par faire une collation et une analyse des mots les plus courts, et si j'avais trouvé, comme cela est toujours probable, un mot d'une seule lettre, a ou I (un, je), par exemple, j'aurais considéré la solution comme assurée ; mais puisqu'il n'y avait pas d'espaces, mon premier devoir était de relever les lettres prédominantes, ainsi que celles qui se rencontraient plus rarement. Je les comptai toutes et je dressai la table que voici :

Le caractère 8 se trouve 33 fois.
Le caractère ; se trouve 26 fois.
Le caractère 4 se trouve 19 fois.
Les caractères ‡ et) se trouvent 16 fois.
Le caractère * se trouve 13 fois.

Le caractère 5 se trouve 12 fois.
Le caractère 6 se trouve 11 fois.
Les caractères + et 1 se trouvent 8 fois.
Le caractère 0 se trouve 6 fois.
Les caractères 9 et 2 se trouvent 5 fois.
Les caractères : et 3 se trouvent 4 fois.
Le caractère ? se trouve 3 fois.
Le caractère ¶ se trouve 2 fois.
Les caractères – et . se trouvent 1 fois.

« Or, la lettre qui se rencontre le plus souvent en anglais est e ; les autres lettres se succèdent dans cet ordre : a o i d h n r s t u y c f g l m w b k p q x z. E (AS. Nevra) prédomine si singulièrement, qu'il est très rare de trouver une phrase d'une certaine longueur dont il ne soit pas le caractère principal.

« Nous avons donc, tout en commençant, une base d'opération qui donne quelque chose de mieux qu'une conjecture. Puisque notre caractère dominant est 8, nous commencerons par le prendre pour l'e de l'alphabet naturel. Pour vérifier cette supposition, voyons si le 8 se rencontre souvent double ; car l'e se redouble très fréquemment en anglais, comme, par exemple, dans les mots : meet, fleet, speed, seen, been, agree, etc. Or, dans le cas présent, nous voyons qu'il n'est pas redoublé moins de cinq fois, bien que le cryptogramme soit très court.

« Donc, 8 représentera e. Maintenant, de tous les mots de la langue, the est le plus usité ; conséquemment il nous faut voir si nous ne trouverons pas plusieurs fois répétée la même combinaison de trois caractères, ce 8 étant le dernier des trois. Si nous trouvons des répétitions de ce genre, elles représenteront très probablement the. Vérification faite, nous n'en trouvons pas moins de 7, et les caractères sont ;48. Nous pouvons donc supposer que ; représente t, que 4 représente h, et que 8 représente e, — la valeur du dernier se trouvant ainsi confirmée de nouveau ; il y a maintenant un grand pas de fait.

« Nous n'avons déterminé qu'un mot ; mais ce seul mot nous permet d'établir un point beaucoup plus important, c'est-à-dire les commencements et les terminaisons d'autres mots. Voyons, par exemple, l'avant-dernier cas où se présente la combinaison ; 48, presque à la fin du chiffre. Nous savons que le ; qui vient immédiatement après est le commencement d'un mot, et des six caractères qui suivent ce the nous n'en connaissons pas moins de cinq. Remplaçons donc ces caractères par les lettres qu'ils représentent, en laissant un espace pour l'inconnu :
t eeth.

« Nous devons tout d'abord écarter le th, comme ne pouvant pas faire partie du mot qui commence par le premier t, puisque nous voyons, en essayant successivement toutes les lettres de l'alphabet pour combler la lacune, qu'il est impossible de former un mot dont ce th fasse partie. Réduisons donc nos caractères à :
t ee,
et, reprenant de nouveau tout l'alphabet s'il le faut, nous concluons au mot tree (arbre), comme à la seule version possible. Nous gagnons aussi une

nouvelle lettre r, représentée par (, plus deux mots juxtaposés, the tree (l'arbre).

« Un peu plus loin, nous retrouvons la combinaison ;48, et nous nous en servons comme de terminaison à ce qui précède immédiatement. Cela nous donne l'arrangement suivant :
the tree ;4 (?34 the,

ou en substituant les lettres naturelles aux caractères que nous connaissons :
the tree thr ?3 h the.

« Maintenant, si aux caractères inconnus nous substituons des blancs ou des points, nous aurons :
the tree thr... h the, et le mot through (par, à travers) se dégage pour ainsi dire de lui-même ; mais cette découverte nous donne trois lettres de plus, o, u et g, représentées par, ? et 3.

« Maintenant, cherchons attentivement dans le cryptogramme des combinaisons de caractères connus, et nous trouverons, non loin du commencement, l'arrangement suivant :
83(88, ou egree, qui est évidemment la terminaison du mot degree (degré), et qui nous livre encore une lettre d, représentée par †.
« Quatre lettres plus loin que le mot degree nous trouvons la combinaison :
;46(;88*),
dont nous traduisons les caractères connus et représentons l'inconnu par un point ; cela nous donne :
th.rtee*, arrangement qui nous suggère immédiatement le mot thirteen (treize), et nous fournit deux lettres nouvelles, i et n, représentées par 6 et *.
« Reportons-nous maintenant au commencement du cryptogramme, nous trouverons la combinaison :
« Traduisant comme nous avons déjà fait, nous obtenons :
good,
ce qui nous montre que la première lettre est un a, et que les deux premiers

mots sont a good (un bon, une bonne).

« Il serait temps maintenant, pour éviter toute confusion, de disposer toutes nos découvertes sous forme de table. Cela nous fera un commencement de clef.

5 représente a
+ représente d
8 représente e
3 représente g
4 représente h
6 représente i
* représente n
‡ représente o
(représente r
 ; représente t
 ? représente u

« Ainsi, nous n'avons pas moins de dix lettres les plus importantes, et il est inutile que nous poursuivions la solution à travers tous ces détails... Il ne me reste plus qu'à vous donner la traduction complète du document, comme si nous avions déchiffré successivement tous les caractères. La voici :

« A good glass in the bishop's hostel in the devil's seat forty-one degrees and thirteen minutes northeast and by north main branch seventh limb east side shoot from the left eye of the death's-head a bee-line from the tree through the shot fifty feet out. »

« Ce qui signifie :

« Un bon verre dans l'hostel de l'évêque dans la chaise du diable quarante et un degrés et treize minutes nord-est quart de nord principale tige septième branche côté est lâchez de l'œil de gauche de la tête de mort une ligne d'abeille de l'arbre à travers la balle cinquante pieds au large. »

Voilà donc le cryptogramme déchiffré et j'engage mes lecteurs à refaire les calculs du romancier ; ils en contrôleront l'exactitude. Mais que veut dire tout ce jargon et comment William a-t-il pu le comprendre ?

D'abord il chercha à ponctuer ce document ; or, l'écrivain s'était fait une loi d'assembler ses mots sans aucune division ; mais, n'étant pas très habile, il avait serré ses caractères précisément aux endroits qui demandaient une interruption. Remarquez bien cette réflexion, car elle dénote une profonde connaissance de la nature humaine. Or, le manuscrit offrait cinq divisions, qui donnaient :

« Un bon verre dans l'hostel de l'évêque dans la chaise du diable

« Quarante et un degrés et treize minutes

« Nord-est quart de nord

« Principale tige septième branche côté est

« Lâchez de l'œil gauche de la tête de mort

« Une ligne d'abeille de l'arbre à travers la balle cinquante pieds au large. »

Or, voici ce que Legrand conclut avec une suprême sagacité, après de longues recherches :

Il découvrit d'abord, à quatre milles au nord de l'île, un vieux manoir du nom de château de Bessop. C'était un assemblage de pics et de rochers, dont quelques-uns présentaient au sommet une cavité nommée la Chaise du diable. Le reste allait tout seul : le bon verre signifiait une longue-vue ; en la pointant à 41° 13'nord-est quart de nord, on apercevait au loin un grand arbre, dans le feuillage duquel brillait un point blanc, la tête de mort.

L'énigme était résolue. William se rendit à l'arbre, reconnut la principale tige et la septième branche côté est ; il comprit qu'il fallait laisser tomber une balle par l'œil gauche du crâne, et qu'une ligne d'abeille, ou plutôt une ligne droite, menée du tronc de l'arbre à travers la balle, à une distance de cinquante pieds au large, lui indiquerait l'endroit précis où se trouvait enfoui le trésor. Obéissant à sa nature fantasque, et voulant mystifier un peu son ami, il remplaça la balle par le scarabée, et il devint riche de plus d'un million de dollars.

Telle est cette nouvelle, curieuse, étonnante, excitant l'intérêt par des moyens inconnus jusqu'alors, pleine d'observations et de déductions de la plus haute logique, et qui, seule, eût suffi à illustrer le romancier américain.

A mon sens, c'est la plus remarquable de toutes ces histoires extraordinaires, celle dans laquelle se trouve révélé au suprême degré le genre littéraire dit maintenant genre Poë.

Chapitre 3

J'arrive maintenant au Canard en ballon. Mais, en quelques lignes, je vous dirai qu'il s'agit d'une traversée de l'Atlantique, faite en trois jours par huit personnes. Le récit de ce voyage parut dans le New York Sun. Beaucoup y crurent qui certes ne l'avaient pas encore lu, car les moyens mécaniques indiqués par Poë, la vis d'Archimède, qui sert de propulseur, et le gouvernail, sont absolument insuffisants pour diriger un ballon. Les aéronautes, partis d'Angleterre avec l'intention de se diriger sur Paris, sont entraînés en Amérique jusqu'à l'île Sullivan ; pendant leur traversée, ils s'élevèrent à une hauteur de 25,000 pieds. La nouvelle est courte et reproduit les incidents du voyage avec plus d'étrangeté que de vérité.

Je lui préfère l'histoire intitulée Aventures sans pareille d'un certain Hans Pfaall, dont je vous entretiendrai plus longuement. Seulement, je me hâterai de vous dire que, là aussi, les lois les plus élémentaires de la physique et de la mécanique sont intrépidement transgressées ; cela m'a toujours paru étonnant de la part de Poë, qui, par quelques inventions, aurait pu rendre son récit plus vraisemblable ; après tout, comme il s'agit d'un voyage dans la lune, il ne faut pas se montrer trop difficile sur les moyens de transport.

Ce certain Hans Pfaall était un insensé criminel, une sorte d'assassin rêveur, qui, pour ne pas payer ses dettes, résolut de s'enfuir dans la lune. Il partit un beau matin de Rotterdam, après avoir eu toutefois la précaution de faire sauter ses créanciers au moyen d'une mine disposée à cet effet.

Je dois dire maintenant comment Pfaall accomplit cet impossible voyage. Pour les besoins de sa cause, il remplit son ballon d'un gaz inventé par lui, résultat de la combinaison d'une certaine substance métallique ou demi-métal et d'un acide très commun. Ce gaz est une des parties constituantes de l'azote, considéré jusqu'alors comme irréductible, et sa densité est trente-sept fois moindre que celle de l'hydrogène. Nous voici donc, physiquement parlant, dans le domaine de la fantaisie ; mais ce n'est pas tout.

Vous savez que c'est la pression de l'air qui fait monter un aérostat. Arrivé aux limites supérieures de l'atmosphère, à six mille toises environ, un ballon, s'il y pouvait parvenir, s'arrêterait court, et aucune force humaine ne pourrait le faire aller au-delà ; c'est alors que Pfaall, ou plutôt Poë lui-même, entre dans des discussions bizarres pour prouver qu'au-delà des couches d'air il existe encore un milieu éthéré. Ces discussions sont faites avec un aplomb remarquable, et les arguments sont tirés de faits à peu près faux avec la rigueur la plus illogique ; bref, il en arrive à conclure qu'il y avait une forte probabilité « pour qu'à aucune période de son ascension il n'arrivât à un point où les différentes pesanteurs réunies de son immense ballon, du gaz inconcevablement rare qu'il renfermait, de la nacelle et de son contenu, pussent égaler la pesanteur de la masse d'atmosphère ambiante déplacée. »

Voilà le point de départ ; mais cela ne suffit pas. En effet, monter, monter toujours, c'est bien ; mais respirer est aussi nécessaire ; Pfaall emporte donc un certain appareil destiné à condenser l'atmosphère, quelque rare qu'elle soit, en suffisante quantité pour les besoins de la respiration.

Ainsi donc, voici un air qu'il sera nécessaire de condenser pour le fournir aux poumons, et qui, cependant, à son état naturel, sera néanmoins assez dense pour élever le ballon. Vous comprenez la contradiction de ces faits. Je n'insiste pas davantage.

D'ailleurs, une fois le point de départ admis, le voyage de Pfaall est merveilleux, plein de remarques inattendues, d'observations singulières ; l'aéronaute entraîne son lecteur avec lui, dans les hautes régions de l'air ; il traverse rapidement un nuage orageux ; à une hauteur de neuf milles et demi, il lui semble que ses yeux, que la pression atmosphérique ne maintient plus, sont poussés en dehors de leurs orbites, et que les objets contenus dans la nacelle se présentent sous une forme monstrueuse et fausse ; il s'élève toujours ; un spasme le prend ; il est forcé de se pratiquer une saignée avec son canif, ce qui lui procure un soulagement immédiat.

« À une hauteur de dix-sept milles, dit Pfaall, l'aspect de la terre était vraiment magnifique. À l'ouest, au nord, au sud, aussi loin que pénétrait mon regard s'étendait une nappe illimitée de mer, en apparence immobile, qui, de seconde en seconde, prenait une teinte bleue plus profonde. À une vaste distance, vers l'est, s'allongeaient très distinctement les Îles Britanniques, les côtes occidentales de l'Espagne et de la France, ainsi qu'une petite portion de la partie nord du continent africain. Il était impossible de découvrir une trace des édifices particuliers, et les plus orgueilleuses cités de l'humanité avaient absolument disparu de la face de la terre. »

Bientôt Pfaall atteint une hauteur de 25 milles, et son regard n'embrassait pas moins de la 320e partie de la surface de la terre ; il installe son appareil à condensation ; s'enferme, lui et sa nacelle tout entière, dans un véritable sac de caoutchouc ; il y condense l'atmosphère, et invente un appareil ingénieux, qui, au moyen de gouttes d'eau tombant sur son visage, le réveille toutes les heures, afin qu'il puisse renouveler l'air vicié dans cet espace étroit.

Jour par jour, il tient alors le journal de son voyage. Il était parti le 1er avril ; le 6, il se trouve au-dessus du pôle, observe les immenses banquises, et voit son horizon s'agrandir sensiblement, par suite de l'aplatissement de la terre. Le 7, il estime sa hauteur à 7 254 milles, ayant sous les yeux la totalité du plus grand diamètre terrestre, avec l'équateur pour horizon.

Alors sa planète natale commence à décroître de jour en jour ; mais il ne peut apercevoir la lune, qui est presque dans son zénith, et que le ballon lui cache. Le 15, un bruit effrayant vient le plonger dans la stupeur ; il suppose avoir été croisé dans sa marche par un immense aérolithe. Le 17, en regardant au-dessous de lui, il fut pris d'une terreur immense ; le diamètre de la terre lui parut augmenté subitement dans une proportion immense. Son ballon avait-il crevé ? tombait-il avec la plus impétueuse, la plus incomparable vitesse ? Ses genoux vacillèrent, ses dents claquèrent, son poil se dressa sur la tête... Mais la réflexion vint à son secours, et que l'on juge de sa joie, quand il comprit que ce globe étendu sous ses pieds, et vers lequel il s'abaissait rapidement, était la lune dans toute sa gloire.

Pendant son sommeil, le ballon avait accompli son renversement, et descendait alors vers le brillant satellite, dont les montagnes projetaient en tous sens des masses volcaniques.

Le 19 avril, contrairement aux découvertes modernes, qui prouvent l'absence complète d'atmosphère autour de la lune, Pfaall remarqua que l'air ambiant devenait de plus en plus dense ; le travail de son condensateur fut notablement diminué ; il put même enlever sa prison de caoutchouc. Bientôt il constata qu'il tombait avec une horrible impétuosité ; il jeta rapidement son lest et tous les objets qui garnissaient sa nacelle, et enfin arriva « comme une balle au cœur même d'une cité d'un aspect fantastique, et au beau milieu d'une multitude d'un vilain petit peuple, dont pas un individu ne prononça une syllabe, ni ne se donna le moindre mal pour lui prêter assistance. »

Le voyage avait duré dix-neuf jours, Pfaall ayant franchi une distance approximative de 231 920 milles. En regardant la terre, il l'aperçut « sous la forme d'un vaste et sombre bouclier de cuivre d'un diamètre de 2 degrés environ, fixe et immobile dans les cieux, et garni à l'un de ses bords d'un croissant d'or étincelant. On n'y pouvait découvrir aucune trace de mer ni de continent, et le tout était moucheté de taches variables et traversé par les zones tropicales et équatoriale comme par des ceintures. »

Ici finit l'étrange récit de Hans Pfaall ; comment ce récit parvint-il au bourguemestre de Rotterdam, Mynheer Superbus von Underduck ? par un habitant de la lune, ni plus ni moins, un messager de Hans lui-même, qui demandait à revenir sur terre ; sa grâce accordée, il s'engageait à communiquer ses curieuses observations sur la nouvelle planète, « sur ses étonnantes alternatives de froid et de chaud ; – sur cette clarté solaire qui dure quinze jours implacable et brûlante, et sur cette température glaciale, plus que polaire, qui remplit l'autre quinzaine ; – sur une translation constante d'humidité qui s'opère par distillation, comme dans le vide, du point situé au-dessus du soleil jusqu'à celui qui en est le plus éloigné ; – sur la race même des habitants, sur leurs mœurs, leurs coutumes, leurs institutions politiques ; sur leur organisme particulier, leur laideur, leur privation d'oreilles, appendices superflus dans une atmosphère si étrangement modifiée ; conséquemment sur leur ignorance de l'usage et des propriétés du langage ; sur la singulière méthode de communication qui remplace la parole ; – sur l'incompréhensible rapport qui unit chaque citoyen de la lune à un citoyen du globe terrestre, rapport analogue et soumis à celui qui régit également les mouvements de la planète et du satellite, et par suite duquel les existences et les destinées des habitants de l'une sont enlacées aux existences et aux habitants de l'autre ; – et par dessus tout, sur les sombres et terribles mystères relégués dans les régions de l'autre hémisphère lunaire, régions qui, grâce à la concordance presque miraculeuse de la rotation du satellite sur son axe avec sa révolution sidérale autour de la terre, n'ont jamais tourné vers nous, et, Dieu merci, ne s'exposeront jamais à la curiosité du télescope humain. »

Réfléchissez bien à tout cela, chers lecteurs, et voyez quelles magnifiques pages Edgard Poë eût écrites sur ces faits étranges ! Il a préféré s'arrêter là ; il termine même sa nouvelle en prouvant qu'elle ne pouvait être qu'un canard. Il regrette donc, et nous regretterons ensemble, cette histoire ethnographique, physique et morale de la lune, qui reste encore à faire aujourd'hui. Jusqu'à ce qu'un plus inspiré ou plus audacieux l'entreprenne, il faut renoncer à connaître l'organisation spéciale des habitants lunaires, la manière dont ils communiquent entre eux en l'absence de la parole, et surtout la corrélation qui existe entre nous et les co-êtres de notre satellite. J'aime à croire que, vu la situation inférieure de leur planète, ils seront tout au plus bon à devenir nos domestiques.

J'ai dit qu'Edgard Poë avait tiré des effets variés de son imagination bizarre ; je vais rapidement vous indiquer les principaux, en citant encore quelques-unes de ses nouvelles, telles que le Manuscrit trouvé dans une bouteille, récit fantastique d'un naufrage dont les naufragés sont recueillis par un navire impossible, dirigé par des ombres ; Une descente dans le Maelstrom, excursion vertigineuse tentée par des pêcheurs de Lofoden ; la Vérité sur le cas de M. Valdemar, récit où la mort est suspendue chez un mourant par le sommeil magnétique ; le Chat noir, histoire d'un assassin dont le crime fut découvert par cet animal, enterré maladroitement avec la victime ; l'Homme des foules, personnage d'exception, qui ne vit que dans les foules, et que Poë, surpris, ému, attiré malgré lui, suit à Londres depuis le matin, à travers la pluie et le brouillard, dans les rues encombrées de monde, dans les tumultueux bazars, dans les groupes de tapageurs, dans les quartiers reculés où s'entassent les ivrognes, partout où il y a foule, son élément naturel ; enfin la Chute de la maison Usher, aventure effrayante d'une jeune fille qu'on croit morte, qu'on ensevelit et qui revient.

Je terminerai cette nomenclature en citant la nouvelle intitulée la Semaine des trois dimanches. Elle est d'un genre moins triste, quoique bizarre. Comment peut-il exister une semaine des trois dimanches ? parfaitement, pour trois individus, et Poë le démontre. En effet, la terre a vingt-cinq mille milles de circonférence, et tourne sur son axe de l'est à l'ouest en vingt-quatre heures ; c'est une vitesse de mille milles à l'heure environ. Supposons que le premier individu parte de Londres, et fasse mille milles dans l'ouest ; il verra le soleil une heure avant le second individu resté immobile. Au bout de mille autres milles, il le verra deux heures avant ; à la fin de son tour du monde, revenu à son point de départ, il aura juste l'avance d'une journée entière sur le second individu. Que le troisième individu accomplisse le même voyage dans les mêmes conditions, mais en sens inverse, en allant vers l'est, après son tour du monde il sera en retard d'une journée ; qu'arrive-t-il alors aux trois personnages réunis un dimanche au point de départ ? pour le premier, c'était hier dimanche, pour le second, aujourd'hui même, et pour le troisième, c'est demain. Vous le voyez, ceci est une plaisanterie cosmographique dite en termes curieux.

Chapitre 4

J'arrive enfin à un roman qui terminera cette étude sur les œuvres de Poë. Il est plus long que ses plus longues nouvelles et porte ce titre : Aventures d'Arthur Gordon Pym. Peut-être plus humain que les histoires extraordinaires, il n'en est pas moins en dehors pour cela. Il présente des situations qui ne se sont rencontrées nulle part, et de nature essentiellement dramatique. Vous en jugerez.

Poë commence d'abord par rapporter une lettre dudit Gordon Pym, tendant à prouver que ses aventures ne sont aucunement imaginaires, comme on avait voulu le faire croire en les signant du nom de M. Poë ; il réclame en faveur de leur réalité ; sans chercher si loin, nous allons voir si elles sont même probables, pour ne pas dire possibles.

Gordon Pym raconte lui-même.

Dès son enfance, il eut la manie des voyages, et, malgré certaine aventure qui faillit lui coûter la vie, mais ne le corrigea pas, il médita un jour, contre le gré et à l'insu de sa famille, de s'embarquer sur le brick le Grampus, destiné à la pêche de la baleine.

Un de ses amis, Auguste Barnard, qui fait partie de l'équipage, doit favoriser ce projet en préparant dans la cale une cachette où Gordon restera jusqu'au moment du départ. Tout s'exécute sans difficulté, et notre héros sent bientôt le brick se mettre en marche. Mais, après trois jours de captivité, son esprit commence à se brouiller ; des crampes s'emparent de ses jambes ; de plus, ses provisions se gâtent ; les heures s'écoulent ; Auguste ne paraît pas ; l'inquiétude commence à s'emparer du prisonnier.

Poë dépeint avec une grande vigueur d'images et un choix de mots propres les hallucinations, les rêves, les mirages bizarres du malheureux, ses souffrances physiques, son endolorissement moral. La parole lui manquait ; sa cervelle flottait ; en ce moment désespéré, il sentit les pattes de quelque énorme monstre s'appuyer sur sa poitrine, et deux globes étincelants dardèrent leurs rayons sur lui ; le vertige s'empara de son cerveau, et il allait devenir fou, quand quelques caresses, des démonstrations d'affection et de joie, lui firent reconnaître dans le monstre ténébreux son chien Tigre, son terre-neuve qui l'avait suivi à bord.

C'était un ami, un compagnon de sept ans ; Gordon revint alors à l'espoir, et tenta de renouer ses idées : la conscience du temps lui échappait ; depuis combien de jours était-il plongé dans cette inertie morbide ?

Il avait une fièvre désordonnée, et pour comble de malheur, sa cruche d'eau était vide ; il résolut de regagner la trappe à tout prix ; mais les mouvements de roulis du brick heurtaient et déplaçaient les colis mal arrimés ; à chaque instant le passage menaçait d'être bouché. Cependant, après mille efforts douloureux, Gordon arriva à cette trappe. Mais en vain voulut-il l'ouvrir, la forcer avec la lame de son couteau ; elle resta obstinément fermée. Fou de désespoir, se traînant, se choquant, épuisé, mourant, il regagna sa cachette, et y tomba tout de son long. Tigre cherchait à le consoler par ses caresses ; mais l'animal finit par effrayer son maître ; il poussait de sourds mugissements, et quand Gordon étendait sa main vers lui, il le trouvait invariablement couché sur le dos, les pattes en l'air.

Vous voyez par quelle succession de faits Poë a préparé son lecteur ; eh bien, on a beau croire à tout, tout attendre, le frisson vous prend quand en tête du chapitre suivant on lit : Tigre enragé ! C'est à ne pas continuer le livre.

Mais avant de ressentir cette suprême terreur, Gordon, en caressant Tigre, avait senti une petite bande de papier attachée par une ficelle sous l'épaule gauche de l'animal ; après vingt tentatives pour retrouver des allumettes, il recueillit un peu de phosphore, qui, frotté vivement, lui donna une lumière rapide et pâle ; à cette lueur, il avait lu la fin d'une ligne où se trouvaient ces mots :... sang. – Restez caché, votre vie en dépend.

Sang ! – Ce mot ! dans cette situation. Ce fut à ce moment, à la lueur du phosphore, qu'il remarqua cette singulière altération dans la conduite de Tigre ! – Il ne douta plus que la privation d'eau ne l'eût rendu enragé ! – Et maintenant, s'il manifestait l'intention de quitter sa retraite, le chien semblait vouloir lui barrer le passage. Alors Gordon, épouvanté, boutonna fortement son habit pour se protéger contre les morsures, et entama avec l'animal une lutte désespérée ; il triompha cependant, et parvint à renfermer le chien dans la caisse qui lui servait de retraite ; puis il tomba évanoui ; un bruit, un murmure, son nom à demi prononcé, le tira de sa torpeur. Auguste était près de lui, portant une bouteille d'eau à ses lèvres.

Que s'était-il passé à bord ! Une révolte de l'équipage, un massacre du capitaine et de vingt et un hommes ; Auguste avait été épargné, grâce à la protection inattendue d'un certain Peters, marin d'une force prodigieuse. Après cette scène terrible, le Grampus avait continué sa route, et le récit de ses aventures, ajoute le romancier « contiendra des incidents si complètement en dehors du registre de l'expérience humaine, et dépassant naturellement les bornes de la crédulité des hommes, que je ne le continue qu'avec le désespoir de jamais obtenir créance pour tout ce que j'ai à raconter, n'ayant confiance que dans le temps et les progrès de la science pour vérifier quelques-unes de mes plus importantes et improbables assertions. »

Nous verrons bien. Je raconte rapidement. Il y avait deux chefs parmi les révoltés, le second et le maître coq, Peters ; mais deux chefs rivaux et ennemis. Barnard profite de cette division, et révèle à Peters, dont les partisans diminuent de jour en jour, la présence de Gordon à bord. Ils méditent de s'emparer du navire. La mort d'un matelot leur en offre bientôt l'occasion. Gordon jouera le rôle de revenant, et les conjurés tireront parti de l'effroi causé par cette apparition.

La scène eut lieu ; elle produisit une terreur glaçante, la lutte commença ; Peters et ses deux compagnons, aidés de Tigre, l'emportèrent ; et ils demeurent seuls à bord avec un marin du nom de Parker, qui, n'ayant pas succombé, se rattacha à eux.

Mais alors survint une épouvantable tempête ; le navire, roulé, se coucha sur le flanc, et l'arrimage, déplacé par l'inclinaison, le maintint dans cette situation épouvantable pendant quelque temps ; cependant il se releva un peu.

Ici viennent d'étranges scènes de famine, et toutes les tentatives avortées pour arriver à la cambuse ; elles sont décrites avec un mouvement entraînant.

Au plus fort des souffrances, il se produisit un incident terrifiant, bien conforme au génie de Poë.

Un navire vient en vue des naufragés, un grand brick goëlette, bâti à la hollandaise, peint en noir, avec une poulaine voyante et dorée ; il approche peu à peu, puis s'éloigne, et revient ; il semble suivre une route incertaine. Enfin, dans une dernière embardée, il passe à vingt pieds à peine du Grampus ; les naufragés ont pu voir son pont. Horreur ! il est couvert de cadavres ; il n'y a plus un être vivant à bord ! si ! un corbeau qui se promène au milieu de tous ces morts ; puis, l'étrange navire disparaît, emportant avec lui le vague horrible de sa destinée.

Les jours suivants, les souffrances de la faim et de la soif redoublent. Les tortures du radeau de la Méduse ne donneraient qu'une imparfaite idée de ce qui se passa à bord ; on discuta froidement les ressources du cannibalisme, et l'on tira à la courte paille ; le sort fut contre Parker.

Les malheureux allèrent ainsi jusqu'au 4 août ; Barnard était mort d'épuisement ; le navire, obéissant à un mouvement irrésistible, se retourna peu à peu, et resta la quille en l'air ; les naufragés s'y accrochèrent ; cependant, les souffrances de leur faim s'apaisèrent un peu, car ils trouvèrent la quille recouverte d'une couche épaisse de gros cirrhopodes, qui leur fournirent une nourriture excellente ; mais l'eau leur manquait toujours.

Enfin, le 6 avril, après de nouvelles angoisses, de nouvelles alternatives d'espoir raffermi ou déçu, ils furent recueillis par la goëlette la Jane Guy de Liverpool, capitaine Guy. Les trois infortunés apprirent alors qu'ils n'avaient pas dérivé de moins de 25 degrés, du nord au sud.

La Jane Guy allait chasser le veau marin dans les mers du Sud, et, le 10 octobre, elle jeta l'ancre à Christmas Harbour, à l'île de la Désolation.

Le 12 novembre, elle quittait Christmas Harbour, et en quinze jours atteignait les îles de Tristan d'Acunha ; le 12 décembre, le capitaine Guy résolut de pousser une exploration vers le pôle ; le narrateur fait l'historique curieux des découvertes de ces mers, parlant des tentatives de ce fameux Weddel que notre Dumont d'Urville a si bien convaincu d'erreur pendant ses voyages de l'*Astrolabe* et de la *Zélée*.

La Jane Guy dépassait le 63e parallèle le 26 décembre, en plein été, et se trouvait au milieu des banquises. Le 18 janvier, l'équipage pêchait le corps d'un singulier animal, évidemment terrestre.

« Il avait trois pieds de long sur six pouces de hauteur seulement, avec quatre jambes très courtes, les pieds armés de longues griffes d'un écarlate brillant et ressemblant fort à du corail. Le corps était revêtu d'un poil soyeux et uni, parfaitement blanc. La queue était effilée comme une queue de rat, et longue à peu près d'un pied et demi. La tête rappelait celle du chat, à l'exception des oreilles, rabattues et pendantes comme des oreilles de chien. Les dents étaient du même rouge vif que les griffes. »

Le 19 janvier, on découvrit une terre sur le 83e degré de latitude ; des sauvages, des hommes nouveaux, d'un noir de jais, vinrent au-devant de la goëlette, qu'ils prenaient évidemment pour une créature vivante. Le capitaine Guy, encouragé par les bonnes dispositions des naturels, résolut de visiter l'intérieur du pays ; et, suivi de douze marins bien armés, il arriva au village de Klock-Klock après trois heures de marche. Gordon était de l'expédition.

« À chaque pas que nous faisions dans le pays, dit-il, nous acquérions forcément la conviction que nous étions sur une terre qui différait essentiellement de toutes celles visitées jusqu'alors par les hommes civilisés. »

En effet, les arbres ne ressemblaient à aucun des produits des zones torrides, les roches étaient nouvelles par leur masse et leur stratification ; l'eau présentait encore de plus singuliers phénomènes !

« Bien qu'elle fût aussi limpide qu'aucune eau calcaire existante, elle n'avait pas l'apparence habituelle de la limpidité, elle offrait à l'œil toutes les variétés possibles de la pourpre, comme des chatoiements et des reflets de soie changeante. »

Les animaux de cette contrée différaient essentiellement des animaux connus, au moins par leur apparence.

L'équipage de la Jane Guy et les naturels vivaient en bonne intelligence. Un second voyage à l'intérieur fut résolu ; six hommes restèrent à bord de la goëlette, et le reste se mit en marche. La troupe, accompagnée des sauvages, se glissait entre les vallées sinueuses et étroites. Une muraille de roche tendre se dressait à une grande hauteur, zébrée par certaines fissures qui attirèrent l'attention de Gordon.

Comme il examinait l'une d'entre elles avec Peters et un certain Wilson :

« J'éprouvai soudainement, dit-il, une secousse qui ne ressemblait à rien qui m'ait été familier jusqu'alors, et qui m'inspira comme une vague idée que les fondations de notre globe massif s'entr'ouvraient tout à coup, et que nous touchions à l'heure de la destruction universelle. »

Ils étaient enterrés vivants ; après s'être reconnus, Peters et Gordon virent que Wilson avait été écrasé ; les deux infortunés se trouvaient au milieu d'une colline, faite d'une sorte de pierre de savon, ensevelis par un cataclysme, mais par un cataclysme artificiel ; les sauvages ayant renversé la montagne sur l'équipage de la Jane Guy, tous avaient péri, excepté Peters et Gordon.

En creusant un chemin dans la roche tendre, ils parvinrent à une ouverture par laquelle ils aperçurent le pays fourmillant de naturels ; ceux-ci attaquaient la goëlette qui se défendait à coups de canon ; mais enfin elle fut emportée, incendiée, et bientôt sauta au milieu d'une explosion terrible qui fit périr plusieurs milliers d'hommes.

Pendant de longs jours, Gordon et Peters vécurent dans le labyrinthe, se nourrissant de noisettes ; Gordon prit exactement la forme du labyrinthe, qui aboutissait à trois abîmes ; il donne même le dessin de ces trois abîmes dans son récit, ainsi que la reproduction de certaines entailles qui semblaient avoir été gravées sur la pierre ponce.

Après des tentatives surhumaines, Peters et Gordon parvinrent à regagner la plaine ; poursuivis par une horde hurlante de sauvages, ils atteignirent heureusement un canot, où un naturel s'était réfugié, et ils purent prendre le large.

Ils se trouvèrent alors sur l'Océan antarctique « immense et désolé, à une latitude de plus de 84 degrés, dans un canot fragile, sans autres provisions que trois tortues. »

Ils firent une espèce de voile avec leurs chemises ; la vue de la toile affectait singulièrement leur prisonnier, qui ne put jamais se décider à y toucher, et semblait avoir horreur du blanc ; cependant ils marchaient toujours, et entraient dans une région de nouveauté et d'étonnement.

« Une haute barrière de vapeur grise et légère apparaissait constamment à l'horizon sud, s'empanachant quelquefois de longues raies lumineuses, courant tantôt de l'est à l'ouest, et puis se rassemblant de nouveau de manière à offrir un sommet d'une seule ligne... »

Phénomène plus étrange encore, la température de la mer semblait s'accroître, et fut bientôt excessive ; sa nuance laiteuse devint plus évidente que jamais.

Gordon et Peters apprirent enfin de leur prisonnier que l'île, théâtre du désastre, s'appelait Tsatal ; le pauvre diable tombait dans des convulsions quand on approchait de lui quelque objet blanc.

Bientôt l'eau fut prise d'une violente agitation. Elle fut accompagnée d'un étrange flamboiement de la vapeur à son sommet.

« Une poussière blanche très fine, ressemblant à de la cendre, – mais ce n'en était certainement pas, – tomba sur le canot pendant que la palpitation lumineuse de la vapeur s'évanouissait et que la commotion de l'eau s'apaisait. »

Ce fut ainsi pendant quelques jours ; l'oubli et une indolence soudaine s'emparaient des trois infortunés ; la main ne pouvait plus supporter la chaleur de l'eau.

Je cite maintenant le morceau tout entier qui termine cet étonnant récit :

« 9 mars. – La substance cendreuse pleuvait alors nécessairement autour de nous et en énorme quantité. La barrière de vapeur au sud s'était élevée à une hauteur prodigieuse au-dessus de l'horizon, et elle commençait à prendre une grande netteté de formes. Je ne puis la comparer qu'à une cataracte sans limites, roulant silencieusement dans la mer du haut de quelque immense rempart perdu dans le ciel. Le gigantesque rideau occupait toute l'étendue de l'horizon sud. Il n'émettait aucun bruit.

« 21 mars. – De funestes ténèbres planaient alors sur nous ; – mais des profondeurs laiteuses de l'Océan jaillissait un éclat lumineux qui glissait sur les flancs du canot. Nous étions presque accablés par cette averse cendreuse et blanche qui s'amassait sur nous et sur le bateau, mais qui fondait en tombant dans l'eau. Le haut de la cataracte se perdait entièrement dans l'obscurité et dans l'espace. Cependant il était évident que nous en approchions avec une horrible vélocité. Par intervalles, on pouvait apercevoir sur cette nappe de vastes fentes béantes ; mais elles n'étaient que momentanées, et, à travers ces fentes, derrière lesquelles s'agitait un chaos d'images flottantes et indistinctes, se précipitaient des courants d'air puissants, mais silencieux, qui labouraient dans leur vol l'Océan enflammé.

« 22 mars. – Les ténèbres s'étaient sensiblement épaissies, et n'étaient plus tempérées que par la clarté des eaux, réfléchissant le rideau blanc tendu devant nous. Une foule d'oiseaux gigantesques d'un blanc livide s'envolaient incessamment de derrière le singulier voile... Et alors nous nous précipitâmes dans les étreintes de la cataracte, où un gouffre s'entr'ouvrit comme pour nous recevoir. Mais voilà qu'en travers de notre route se dressa une figure humaine voilée, de proportions beaucoup plus vastes que celles d'aucun habitant de la terre. Et la couleur de la peau de l'homme était la blancheur parfaite de la neige. »

Et le récit est interrompu de la sorte. Qui le reprendra jamais ? un plus audacieux que moi et plus hardi à s'avancer dans le domaine des choses impossibles.

Cependant, il faut croire que Gordon Pym se tira d'affaires puisqu'il fit lui-même cette étrange publication ; mais il vint à mourir avant d'avoir achevé son œuvre. Poë semble le regretter vivement, et décline la tâche de combler la lacune.

Voilà donc le résumé des principales œuvres du romancier américain ; ai-je été trop loin en les donnant pour étranges et surnaturelles ? N'a-t-il pas réellement créé une forme nouvelle dans la littérature, forme provenant de la sensibilité de son cerveau excessif, pour employer un de ses mots.

En laissant de côté l'incompréhensible, ce qu'il faut admirer dans les œuvres de Poë, c'est la nouveauté des situations, la discussion de faits peu connus, l'observation des facultés maladives de l'homme, le choix de ses sujets, la personnalité toujours étrange de ses héros, leur tempérament maladif et nerveux, leur manière de s'exprimer par interjections bizarres. Et cependant, au milieu de ces impossibilités, existe parfois une vraisemblance qui s'empare de la crédulité du lecteur.

Qu'il me soit permis maintenant d'attirer l'attention sur le côté matérialiste de ces histoires ; on n'y sent jamais l'intervention providentielle ; Poë ne semble pas l'admettre, et prétend tout expliquer par les lois physiques, qu'il invente même au besoin : on ne sent pas en lui cette foi que devrait lui donner l'incessante contemplation du surnaturel. Il fait du fantastique à froid, si je puis m'exprimer ainsi, et ce malheureux est encore un apôtre du matérialisme ; mais j'imagine que c'est moins la faute de son tempérament que l'influence de la société purement pratique et industrielle des États-Unis ; il a écrit, pensé, rêvé en Américain, en homme positif ; cette tendance constatée, admirons ses œuvres.

Par ces histoires extraordinaires, on peut juger de la surexcitation incessante dans laquelle vivait Edgard Poë ; malheureusement sa nature ne lui suffisait pas, et ses excès lui donnèrent l'épouvantable maladie de l'alcool qu'il a si bien nommée et dont il est mort.